Bonne Route

Déjà paru chez BoD - Books on Demand :

Instants d'année,
l'inspiration vient par haïkus
(avec des dessins originaux de Aaron Van Lierde)

Site web : www.guyraymondpierre

Bonne Route
Poésies et chansons

Guy Raymondpierre

Éditeur : BoD-Books on Demand,
12/14 rond point des ChampsÉlysées,
75008 Paris, France

Impression : BoD-Books on Demand,
Norderstedt, Allemagne

ISBN : 978-2-322-01944-1

Dépôt légal : juin 2015

à mon fiston,
"Que le vent fasse bien gonfler ta voile"

Péchés de jeunesse
(1966-1985)

Cache-cache

J'ai vu le soleil au coin d'un toit
comme un enfant timide qui se cache
Il n'osait sortir de derrière le toit
de tuiles rouges. Il faut que tu le saches
ce soleil – c'était moi

Creux chevalier

Je passais de longues journées mécaniques
chevauchant un fier destrier électrique.

Le bruit sourd et régulier de la machine
sonnait comme un glas au-dessus de nos échines

Petit homme véloce

Cours petit homme
Cours piètre bonhomme
Cours ouvrier servile
Cours pauvre imbécile
vers ta stupidité vers ton usine
vers ton labeur tu te destines

Tu cours à courtes foulées
de tes jambes courtes
et tes petits pieds
claquent sur le sol mouillé
Tu aimes ton esclavage sans doute
pour ainsi t'y précipiter

Mais un jour tu ne courras plus
tes pauvres jambes ne te supporteront plus
Nous suivrons ton enterrement
en courant

Bulle (Icare-grenouille)

Envolé
léger comme une
non bulle
vide coloré
reflétant fenêtres
emporté par bise taquine
fleurs champs bois papillons oiseaux
senteurs couleurs bruits et bruissements
Terre Terre
vue de là
haut

Tout âme
corps astral
en forme de sphère
liquide
quitté gangue boueuse
léger léger
monte en tourbillonnant
virevoltant pirouettant
voltige
haut
toujours plus
gonflant gonflant et amplifiant encore

Soud-
PAF
Bulle (Icare-grenouille) de savon
éclate
en mille gouttes
au contact
d'Orgueil-Soleil viscéral

Belle lionne

Belle lionne tu me plais
Sensuelle gentille intelligente
yeux regard bouche cheveux voix sourire corps
démarche
Pur sang gracieux traversant mes rêves
crinière au vent encadrant ton beau visage
dodelinant de la tête
Féline fauve reine de savane qui va me dévorer
déchirer ma chair à pleines dents
moi pauvre chèvre
lié au piquet de la Concupiscence
sous le soleil torride de mon Désir
servant d'appât à la Passion

Joie quand je te vois
Joie quand tu me souris
quand tu me parles
rêve pouvoir découvrir ton corps
avec mes yeux mes mains ma bouche
rêve de donner bonheur en partage
rêve de caresses échangées
d'étreintes
de tendresse réciproque
de douceur
de passion

Mais Bon Dieu marre
de rêver d'espérer d'utoper
d'idéaliser
Te veux
veux être à toi
veux me donner oui te donner
mon corps en pâture
être l'artisan de ta jouissance
serais l'esclave de ton plaisir
ou ton maître
suivant ta volonté

Mais si seulement
tu le voulais.

Charmeuse

Tu prétends que mon regard t'affaiblit
Mais ne connais-tu pas le pouvoir du tien
Magicienne
Créature mythologique
voudrais me noyer dans la soie dorée de ta
chevelure
m'enrouler dans ton cœur onctueux

Ton regard me subjugue
m'hypnotise
Me sens devant toi
comme proie devant le Naja
prêt à succomber à ton assaut sauvage et doux
à être emporté avec toi dans un tourbillon
merveilleux
Te sais capable bien sûr de tendresse et de
douceur
et de passion
Et moi aussi
saurai te prodiguer caresses et baisers
et gestes attendris
et tout ce que nous ferons ensemble
sera beau

Aime nos bavardages complices
Me sens alors proche de ta pensée
Et te sais plus posée que tu ne veux le paraître

Oui Vénus Naissante
Le jour où nos êtres envoûtés
par un coup de baguette magique de
l'Enchanteur
se rencontreront
inéluctablement attirés l'un vers l'autre
comme deux aimants puissants
oui ce jour-là
toutes les fées les elfes les nymphes les
magiciens les lutins
habitants du Monde des Merveilles
tous nous feront fête
et avec moi en chœur
chanteront les louanges
de ta beauté

Elle

Elle était Douceur
Elle était Silence
Elle était Humilité
Elle était Abnégation
Elle était Prière

Elle était – Elle est – Elle restera :

"Jeanne"
"M'man"
"Mamy"

Chienne-Garce

Elle rôde à nouveau
la Chienne
louve aux crocs dépeçant
toujours arrachant des lambeaux
de chair humaine

Elle rôde

Ai senti sa frôlante présence
comme déjà
Son experte caresse dans mon dos
a fait courir des frissons glacés
jusqu'au bas creux de mes reins
ému
arrachant à ma gorge
un grognement équivoque
Crispé les épaules pour me ressaisir
enfin
mais elle triomphe quand même
car elle sait
qu'un jour
succomberai

Caressante Garce Funeste
tu trousses ta jupe noire
sur tes cuisses maigres et nerveuses
de baiseuse effrénée
arpentant notre trottoir quotidien
et nous aguiches à la porte entr'ouverte
du Bordel Ténébreux
par laquelle on entend
venant de l'intérieur
des bruits d'os
qui s'entrechoquent

Complainte pour un clitoris tranché

La honte ! Aïcha pour ton clitoris tranché,
tes petites lèvres sectionnées
par le poignard-Tradition,
pour ton sexe sanguinolent de petite fille
excisée,
ta "silka cousue" garantie de ta soumission,
et de ta virginité,
et pour ta souffrance de longs jours endurée.

J'ai honte de mon insouciance d'homme,
de mon indifférence de blanc,
garçon aveugle, égoïste et ignorant
qui prit sans même qu'il donne
son plaisir sur vos corps usés,
désabusés.

Je pleure pour Brigitte ton enfant blanc
qui sans doute subira le même martyr
à moins qu'en se révoltant
elle se choisisse un autre devenir.
Pour ton amitié,
ton corps allongé,
offert peut-être, sur la couche délabrée
au moment de l'adieu sans voix...

J'ai honte de t'avoir, de vous avoir oubliées,
Nahias !

La honte ! Pour vos clitoris tranchés,
vos petites lèvres sectionnées,
pour le plaisir à vos corps d'ébène arraché
avec tant de précision
par le poignard-Tradition.

Je pleure sur l'humanité qui stagne
comme une eau croupissante
et sur toutes ces femmes blanches,
qui ne veulent pas,
qui oublient sans faillir,
qui ont honte,
qui ne savent pas
prendre ce plaisir
que vous ne connaissez pas
et ne connaîtrez
jamais.

Nahias

Elles avaient la peau brune
Elles avaient les yeux noirs
et l'humeur opportune
dès que venait le soir

Djibout'

Redonnez-moi mon Djibout'
mon rêve brûlant
le soleil cuisant
les promenades en brousse
les "Nahias" insensibilisées et philosophes
les "Warhias" boys du mess
dont l'amitié spontanée avait conquis mon cœur

Redonnez-moi la solitude aride du désert
les traversées en boutre jusqu'à Tadjoura
les balades en pays Danakil
ces regards brûlants et doux
ce dialecte rude et sec comme le paysage
les chansons indigènes que chantais avec fierté
le théâtre Somali
et le khat mâché jusqu'à la nuit
allongé sur quelques coussins
à même le sol
avalant de temps à autre
une gorgée de "chai" au lait bouillant

Redonnez-moi mon surnom somali
mes nuits blanches passées dans le quartier noir
le quartier 2
le quartier des putains hospitalières
les petits matins
les chants des coqs et celui du muezzin
et les braiments des ânes
et ces odeurs âcres émanant des baraques en
planches
ces repas pris accroupi
plongeant la main dans le plat commun
roulant la boulette de semoule
et l'enfonçant du pouce dans la bouche
Redonnez-moi l'amitié désintéressée des putains
africaines
au regard si profond

Redonnez-moi le thé chaud mais désaltérant
et pas cher
bu dans ces cafés en plein air
entourés d'indigènes amusés
ces rencontres troublantes et toujours
enrichissantes
ces robes aux couleurs chatoyantes
et ces démarches altières

le soleil et les crépuscules africains
ces bars et restaurants en planches
où l'on pouvait déguster en plein jour ou en
pleine nuit
des plats épicés et des brochettes de viande
grillée au-dessus d'un vieux tonneau de
margarine

Redonnez-moi les Aïchas les Yasminas
les Hassans les Ibrahims les Moussas
et laissez-moi repartir
sur les brisées d'Henri de Monfreid
et d'Arthur Rimbaud

Con-qui(s)-t'adore

Pour le pays de ton corps
bientôt embarquerai
affrété le navire
embauché l'équipage déjà
Tendresse gonflera la voile
et le timon
fermement tenu par tes mains rassurantes
gardera le cap
N'arriverai pas
en conquérant
brutal et raciste
mains en explorateur
curieux et fraternel

irai par monts et merveilles et
Lorsque l'or aurai trouvé découvert
ne chercherai pas à m'en emparer
avidement
mais le contemplerai d'abord
et l'adorerai
et le baiserai religieusement
et apprivoiserai ainsi
celle qui le possède

Et ne serai heureux
que lorsque verrai naître
en ses beaux yeux
les feux brillants
de Bonheur Reçu

Enfance

Qui me redonnera mon enfance ?
mes courses dans les champs
mes escapades mes escalades
mes près mon étang
mes fort mes cabanes
mon chemin de fer mes silex
mes pêches et mes chasses
mes fuites et mes caches
devant le garde
mon chemin creux mes peupliers mes ruisseaux
mon dépôt d'ordures mes champs de blé et
d'avoine
qui faisaient de si profonds labyrinthes
mes saules mes soirs d'automne mes châtaignes
le vol des oiseaux migrateurs au-dessus de nos
têtes
mes culottes courtes
toutes ces odeurs qui flottaient dans l'air
au moment de la rentrée
mon Grand Meaulnes
mes allumoirs mes ricochets
mes aventures imaginaires mes exploits mes
déconvenues
mes peurs du noir et de l'orage
que ma mère chassait comme elle calmait mes
brûlures
en priant

Qui me redonnera l'amour de ma mère ?

mes messes du dimanche mon patro du jeudi
mes tartines de quatre heures avec la règle de
chocolat
mon chemin de l'école avec son talus qui me
semblait si haut
autrefois
la canicule l'odeur du foin l'odeur du lin qui rouit
et celle de la bouse de vache
Qui me redonnera tout cela ?

Est-ce vous mes enfants ?

Finie la ducasse

On démonte
sans honte
la tente
contente

La rue

La rue.
Le bruit, la cohue.
La foule, la bousculade, le piétinement.
Le troupeau, les piétons. Les voitures, les gaz
d'échappement.
La course, la compétition, le marathon,
l'affolement, l'énervement !
La ville ; la civilisation ; la pollution ; les
fumées ; l'environnement.
Le dégoût…L'écœurement…La fuite, le
renoncement…
La promenade, le retour, la maison.
La chambre ; l'habitude….
La solitude….

Je t'attends

Je t'attends
et ne suis pas impatient.
Je sais que tu viendras,
que tu te hâteras.
Je sais que bientôt tu seras
près de moi.

Je t'attends
et je pense à l'instant
où tu te jetteras
dans mes bras,
l'instant où tu diras :
"Bonjour, Chéri, me voilà !"

Je t'attends
et je regarde mes fleurs.
Je consulte mon cœur
qui mesure le temps.
J'écoute le tic-tac de la montre
qui palpite à mon bras.
Je voudrais aller à ta rencontre
pour être plus vite avec toi.

Je ne t'atten-
drai plus longtemps
car je te vois.
J'aperçois déjà
ton sourire
qui semble me dire :
"Ne m'as-tu
pas trop attendu ?"

L'automne

L'automne nostalgique effeuillait ses troncs.
Une église mélancolique égrainait sa chanson.
Déjà les rayons du soleil se faisaient plus
obliques.
Le brouillard étouffait les sons
Dans la ville des gens tristes comme le ciel gris
sillonnaient les rues transis, frissonnant et
surpris
par la précoce fraîcheur des soirées.
La rue était baignée d'une lumière effacée
qui annonçait les courtes journées et les longues
nuits

Je me promenais lentement traînant mon corps
et mon cœur engourdis
de froid et de souvenirs. Je pensais à mes
rentrées
à l'école primaire ou à la maternelle et l'odeur du
bois ciré
des tables de la communale revenait,
étrangement entêtante,
se glisser dans mes narines. Je percevais aussi
l'odeur de papier
des cahiers et des livres neufs. Je me rappelais
comme ma mère était contente
et inquiète aussi, d'être débarrassée
de ces garnements que nous étions

Tristesse d'un soir

Je marche seul et solitaire.
Le soleil embrase le ciel et la terre.
L'hirondelle à la vue perçante
Frôle la surface sans ride de l'étang,
Gobant au passage la mouche imprudente
Et frileuse; annonçant le beau temps.

Je frissonne sous la fraîcheur du soir.
Je suis triste et n'ai plus d'espoir.
J'aime ma solitude et ma liberté
mais parfois je voudrais les partager.
Parfois, je hais les humains.
Parfois, je les comprends bien.

Le soleil va se coucher
Derrière un tas de ferraille rouillée
Et, comme par osmose,
Prend la teinte du métal altéré.

Et mon cœur, tel une rose
Quand elle voit la nuit arriver,
Replie ses pétales fripés.

Les romantiques

Pourquoi les poètes romantiques
parlent-ils toujours de la Grèce et la Rome
antique ?
Moi qui les aime depuis toujours,
je ne comprends pas leur grand amour
pour la belle Hélène et Prospérine,
leur admiration pour les vieilles villes
Rome, Babylone, Sparte et le Pirée.
Pourquoi ont-ils besoin pour s'évader
et connaître l'oubli de s'envoler pour l'Elysée
en buvant à longs traits l'enivrant Léthé ?

Et lorsque sur le Styx leurs esprits vont voguer
comme de funèbres barques emmenant les
pauvres âmes,
ils sont bien loin de la terre et de ses cupidités.
L'Olympe, source de leur inspiration, leur
apporte le calme.

Moi qui n'ai pas longtemps étudié
Platon, Socrate et Pythagore
lorsque je lis les œuvres de ces génies passés,
il me faut beaucoup de patience et d'efforts
pour comprendre ce que veulent exprimer ces
Appolons de la poésie et de la pensée.

Luna

Lune
nébuleuse
supernovae
pulsar
voyageur interstellaire
flotte
fonce à des vitesses inhumaines
dans l'infini surhumain
jusqu'au fin fond des galaxies

Spectacle exaltant
qu'admire cœur bé
Suis homme
petit par sa taille
grand par son approche de Vérité

dieu des temps modernes
possède l'Espace
possède le Temps
suis plein de toutes choses belles
serein

touche des yeux
cratères éruptions planétaires rides
tache rouge tourbillonnante
anneaux multiples et encore multiples
sables pierrailles arides
et retrouve après un long périple galactique
planète bleue enveloppée de son manteau de
nuages
telle dame noble emmitouflée dans son hermine
suis Viking suis Mariner
suis Espoir
suis Nouvelle Religion des hommes

Orchidées, fleurs du mâle

La piquante étymologie !
La fleur la plus rare
la plus coûteuse
que l'on offre à une dame
cache en son nom
ces attributs masculins
que l'on ridiculise tant

Et quel plaisir alors depuis
de ne donner à ceux-ci
que le nom de leurs apparentés botaniques :

Comment trouvâtes-
vous ma Mie
mes orchidées jolies
qu'autrefois vous refusâtes
avec indifférente infamie ?

Orgueil

Tais-toi
Orgueil
Reste là
au seuil
mets une sourdine
aux trompettes de la non-renommée
Il me faut encore
prouver à tous et aux autres
ce prétendu talent
dont tu m'encenses
interminablement
J'espère
Je sais
Mais la non-réussite professionnelle
ne peut être
cette façade
derrière laquelle
tu te caches
sournoisement
pour m'aiguillonner
avec acharnement
et ce ridicule pouvoir de séduction
puisqu'il est inné
n'est pas preuve
de valeur humaine

Poème égocentrique

Souvent le soir
seul dans ma Tour d'Espoir
m'interroge
et crie parfois
tout soudainement :
-        Ego,
ego es-tu là ?
Une voix me répond alors en écho :
- Bien sûr, imbécile
et le sais bien
puisque désormais
a banni
le grand JE
de tes poèmes

Retombe alors
vertigineusement
dans le cul de basse-fosse
de mon Orgueil

Orgasme solaire

Soleil
copulatif
rayons tendus comme membres
baisent
pénètrent en douceur
en puissance
pores en appétence

Volupté
Jouissance
Ah c'est bon
c'est chaud
ça brûle
ça pique

amour vache
amour passion
plaisir physique
jouissance biologique qui remue
tripes
et mémoire génétique
J'jouis
J'jouis
et bande à répétition
sous le soleil
mon amant

Soleil

Soleil, brûle ma peau !
Glisse tes rayons dans chaque pore
De ma chair. O Soleil réchauffe encore
Mon âme triste et désolée. Tu es le plus beau
Des astres accrochés au ciel.
Ton disque incandescent et vermeil
Perce, dans l'immensité grise et céleste,
Un trou pareil à la brûlure ronde
D'une cigarette. Parfois, inceste,
Tu t'accouples à la lune blonde,
Plongeant notre pauvre monde
Dans une obscurité profonde.

J'aime ta chaleur
Quand tu réchauffes mon cœur.
Et je suis bien triste
Lorsque le soir tu nous quittes.

Quoi de plus beau que la rougeur crépusculaire
d'un ciel embrasé ?
Soleil, tu es le plus beau des spectacles que j'aie
jamais admiré !

Si, Soleil, tu dois nous quitter définitivement un
jour,
Attends un peu que sois venu mon tour
De laisser cette planète, ta vassale
Qui subit ta domination fatale.

Si je voulais écrire

Si je voulais écrire
tout ce que je veux te dire,
ma vie entière ne suffirait pas.
Il faudrait qu'après mon trépas,
je vienne hanter l'âme d'un faiseur de poèmes
qui t'aimerait comme je t'aime
et qui pourrait continuer à écrire
tout ce que je veux te dire.

Si je voulais écrire
tout ce que je veux te dire,
un livre entier ne suffirait pas.
Il en faudrait un ou deux ou trois.
Il me faudrait changer de plume
plus d'un millier de fois.
Il me faudrait toute ma fortune,
toute celle que je n'ai pas.

Si je voulais écrire
tout ce que je veux te dire,
Une seule main ne suffirait pas,
une paire d'yeux ne suffirait pas
un cerveau ne suffirait pas.
Si je voulais écrire
tout ce que je veux te dire,
je ne le pourrais pas.

Sois heureuse

Sois heureuse
Sois heureuse avec moi
Sois heureuse dans mes bras
et ton bonheur fera sur mon cœur
une pluie de petites fleurs
qui embaumeront mes narines
quand tu t'appuieras sur ma poitrine

T'es tu

Tout en étant têtu
et tout à toi
T'ai touché ta tête
Et t'ai tâté
et tété tes tétons
Et toi
très touchée
tu t'es tue
tu étais trop tentante
et très trop tentatrice

Un sein

Un sein rond et tremblotant
à la chair douce et chaude.
Un sein mou et éclatant
à qui je dédie cette ode.
Un sein que j'aime et vénère,
qui me console d'être sur terre.
Un sein au téton bosselé
comme une framboise.
Un sein prompt à se dresser,
à durcir, à se laisser prendre
entre mes lèvres, entre mes dents.
Un sein, un téton flamboyant
qu'on glorifie de ne pas être unique.
Un sein qui est le coussin
sur lequel ma tête repose
admirant son jumeau sein
qui comme lui a le teint rose.
Un sein qui m'emplit l'œil
et me bouche l'horizon
comme un grand soleil
entrant tout entier dans ma maison.
Un sein au téton provocant
et appétissant qui appelle ma bouche.
Voilà le spectacle époustouflant
que m'offre le matin celle avec qui je couche.

Unis-vers-ciel

Quand enlèvera-t-on enfin
le pouvoir
à tous ces politiciens
ces bonimenteurs
tous ces fanatiques
ces hystériques
ces racistes
de toutes couleurs
ces extrémistes
de tout bol
tous ces empêcheurs
de prendre son bonheur-pied
en rond
ces semeurs de zizanie
et de bombes
H-A-N et Cie
ces lanceurs de
Pershing Cruise et autres
missiles nique ton ère de paix
grenades la-crimo-sans-gêne
ces agitateurs
prestidigitateurs
de lapins humains
tous ceux qui ne voient
pas plus loin que le trou
de leur cul-
ture

Lorsque l'homme
aura dépassé ce stade vil
lorsqu'il se sera débarrassé
de sa gangue préhistorique
alors seulement
peut-être
entrera-t-il dans son ère
unis-ver-ciel
et s'approchera
de dieu
à le toucher
et le verbe
aimer
aura beaucoup
beaucoup plus
de sens

Viol créatif

Lorsque l'alcool te stimule
au lieu de t'enivrer tout à fait
lorsque la musique te berce
doucement tendrement
lorsque ta pipe compagne des soirs heureux
que tu suces voluptueusement
te cajole affectueusement
alors
écris
éjacule les mots qui s'écoulent de ton être
à gros bouillons
craches dégorges décharges
ce que tu as dans les tripes
et qui sourd à cet instant
Laisse ce flot impétueux et beau
couler sur le papier vierge
que tu violes avec acharnement
pour la millième fois

Des tours
(1986-2012)

Briseuse

Sur ma joue j'ai reçu ta bise
qui est arrivée par surprise
comme une brise
venue du large
- je n'en menais pas large -

La montée de ton visage
vers le mien
a chassé tous les nuages
grisaille de mon quotidien

J'avais oublié qu'en francophonie
on avait cette douce manie
de se biser à-tout-va
je ne m'en plaindrai pas
cette fois

Ce geste somme toute anodin
voire bénin
et que pourtant je trouve câlin
fut le point final
d'un soir peu banal
et qui irrévocablement
comptera dans ma vie pour longtemps

Envie

J'ai enVie de te dire que je t'aime
J'ai enVie de te le redire et même
si ces mots sont toujours les mêmes
ils expriment un sentiment jamais le même
et en même temps si égal à lui-même
à chaque instant et à chaque instant si
changeant
comme l'eau d'un fleuve toujours allant de
l'avant
vers la profondeur sereine de l'océan

Vers l'Étoile

Et te voilà donc partie loin de moi
géographiquement
chercher dans tes profondeurs cet émoi
qui illogiquement
devrait t'apporter la délivrance
que tu cherches depuis de longs mois,
voire une dizaine d'années
et que tu souhaites trouver en quelques
journées.
Cela est ton espérance
et la mienne également
moi qui t'attend ici patient aimant

L'eau de feu

Tu es Poisson et donc eau.
Je suis Bélier et donc feu.

L'eau trop abondante éteint le feu
quand celui-ci fait le gros d'eau.

Le feu fait fondre la glace
et par le liquide, le solide remplace.

Le feu transforme l'eau force aimant.
En bouillant doucement
l'eau cuit les aliments
rendant ceux-ci nettement
plus déli – cieux.
Nous nourrissant,
ils réjouissent palais et cœur.

Le feu transforme l'eau en "va, peur !",
une énergie puissante à l'état gazeux
qui, cela est prouvé et certain
déplace les couvercles et les trains
avec force, douceur
et beaucoup d'entrain.

Eau et Feu font donc, quoi qu'on dise, bon
ménage
si l'on arrive à doser leurs qualités et quantités
et si l'on fait toujours un bon usage
de leurs belles énergies avec équité.

Plic ! Plac !
La goutte,
Une flaque.
Il pleut sur la route
Et le vent me claque.

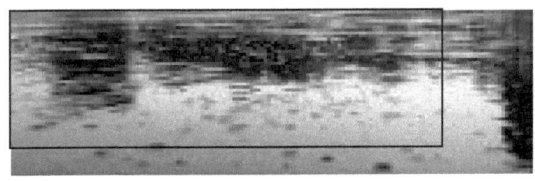

Ressenti d'un jour de pluie

Malgré la pluie qui perle si joliment ma fenêtre,
j'ai envie de te dire le soleil qui est en mon être.

Oui, je suis souvent seul, pour l'instant, en ma
demeure
et j'ai bien le temps de voir passer les vieilles
heures.
Parfois, les questions font les cent pas dans ma
tête,

Parfois mon cœur s'envole vers toi, avide de te
faire fête.
Parfois, mon esprit est las et perd patience et
courage
Et parfois, mon cœur pulse un peu trop fort pour
son âge.

Mon cœur, de loin, suit ton difficile et troublant
voyage
et son plus cher désir est d'aller t'attendre, là-
bas, sur le rivage.
Mon esprit, qui, pourtant, a largué déjà de
nombreuses amarres
s'embrouille souvent et rejoue encore son
entêtant tintamarre.

Mais lorsque de toi je reçois quelque plaisant
message,
je sens alors cette source de lumière qui
réchauffe mon cœur
et je reprends pleinement confiance, en souriant
au passage,
en ma capacité d'éprouver cette grande source
de bonheur
que je cherchais depuis toujours et dont je
savais l'existence
et que j'ai trouvée au plus profond de moi, avec
ta tendre assistance.

Baby sitting à Bermeries-la-Place

J'ai pris ton pied
entre mes mains
car il était glacé.

J'ai pris ton pied
entre mes mains
pour le réchauffer.

J'ai pris ton pied
entre mes mains
puis tu as pris le tien
et j'ai pris le mien
et tout ça c'est bien passé.

Ce fut même très très bien.
Le consultant en informatique a pu le constater !

St Valentin

Pour la St Valentin
je voudrais te dire quelque chose de bien
que tu aimeras, j'en suis certain

Amor Amor,
lorsque tu aimes, t'en veux encore !
Notre amour devient de plus en plus fort
sans que pour cela nous fassions trop d'efforts

Quatre ans bientôt que nos destinées
l'une vers l'autre attirées
un beau jour se sont croisées
et nous pouvons le dire c'est certain
que cela se passe très très bien.

Pour la Saint-Valentin,
je voulais te dire quelques mots de rien
du tout. Est-ce que cela t'a fait du bien ?

C'est bon, c'est beau

C'est bon, c'est beau, l'amour que tu me donnes.
C'est bon, c'est beau, j'cèd'rai ma plac' à
personne.
C'est bon, c'est beau, la joie que tu me donnes.
C'est bon, c'est beau, je t'aime comme
personne.

L'amour que tu me donnes, l'amour que nous
nous donnons,
nous le vivons, toi et moi comme une nouvelle
chance.
L'amour que tu me donnes, l'amour que nous
nous donnons,
c'est amour-là, crois-moi, surmontera nos
différences.

C'est bon, c'est beau, l'amour que tu me donnes.
C'est bon, c'est beau, j'cèd'rai ma plac' à
personne.
C'est bon, c'est beau, la joie que tu me donnes.
C'est bon, c'est beau, je t'aime comme
personne.

Ma vie auprès de toi est douce et sans histoires,
je n'échangerai jamais ma place pour aucune
autre.

Ma vie auprès de toi est douce et sans histoires
je ne donnerai jamais ma place à personne
d'autre.

C'est bon, c'est beau, l'amour que tu me donnes.
C'est bon, c'est beau, j'cèd'rai ma plac' à
personne.
C'est bon, c'est beau, la joie que tu me donnes.
C'est bon, c'est beau, je t'aime comme
personne.

Je t'aime comme jamais personne ne t'a aimée.
Je t'aime comme je n'ai jamais aimé personne.
Je t'aime comme jamais personne ne pourra
t'aimer
Je t'aime comme je ne pourrais jamais aimer
personne.

C'est bon, c'est beau, l'amour que tu me donnes.
C'est bon, c'est beau, j'cèd'rai ma plac' à
personne.
C'est bon, c'est beau, la joie que tu me donnes.
C'est bon, c'est beau, je t'aime
comme….personne !

Lise-rai

Il faut que je te dise,
Lise :
Lise,
Il faut que je te lise.
Lise-rai
d'astre-*Rey*

D'où vient ce vent doux et bizarre,
Un peu fou, pas du tout blizzard
mais plutôt tendre à lysé

Vas Lise.
Là où tu voudras aller
J'i-rai
Sur les chemins que tu as si bien balisés
Pour que je ne perde pas ma voie,
Pour que je ne perde pas ma voix,
Pour que je ne perde pas ma joie.

Il faut que je te dise,
Lise :
Moi qui suis né au bord de Lys'
dont l'onde coule si lascivement
Où l'on dîne à temps,
Où l'ondine m'attend,
M'a tendu son piège à serrer
m'a capturé dans ses rets,
Ses rayons d'astre-*Rey*

Croissant

Croissant de lune accroché à l'azur.
Croissant d'argent qui nous assure :
Crois en l'une, crois en l'un, crois en nous.
Crois en l'amour d'Ondine et Guilou

Le sourire intérieur

Tu as donné un autre sens à mon sourire
Moi, je te réapprends, doucement, à frémir.
Ta vie n'a été faite, jusqu'à présent, que de
soupirs.
Nous rencontrer, ce n'est pas ce qui pouvait
nous arriver de pire.

Mon sourire n'était, jusqu'alors, destiné qu'aux
autres,
comme Jésus commanda autrefois de faire à ses
apôtres.
Mon sourire était surtout tourné vers l'extérieur.
Toi, tu m'as appris à l'orienter vers l'intérieur.

Désormais, il m'arrive de ne sourire rien que
pour moi
et je me sens alors envahi par une immense
joie.
Pendant un instant, je m'arrête de penser et de
me tourmenter.
Je goûte alors un merveilleux moment d'éternité.

Prisonnière, pour ainsi dire, à perpétuité,
tu as choisi depuis peu de reconquérir ta liberté.
Toujours soumise et n'ayant pas beaucoup goûté
à l'amour et à la tendresse, tu t'es décidée à
résister.

Mais trente ans de domination du mâle
laissent des traces et maintenant encore, ces
années te font mal.
Tu n'as jamais eu droit au bonheur
et y goûter vraiment te fait un peu peur.

Je peux te l'assurer : il existe et il est à ta portée
Il te suffit de sortir de ton cocon et de déployer
tes ailes.
Tu verras : tu en seras toute transportée
et la vie pour toi, enfin, sera hyper belle.

Je veux être pour toi celui qui te guidera vers la
lumière
et qui t'aidera à redevenir une femme fière.
Libre de sa destinée comme chacun y a droit.
Nous nous aiderons ainsi mutuellement à trouver
notre voie.

Des petits bisous tout doux

Des petits bisous tout doux
Tu en veux beaucoup
Sur tes joues
Dans le cou
sur le bout
de ton nez et un peu partout
pourvu qu'ils soient doux

Tu me dit que je suis très doux
Et c'est vrai que j'aime beaucoup
te faire plaisir et te donner c'est fou
du bonheur par petits bouts

Un écureuil aux yeux myosotis

Un gentil écureuil aux jolis yeux myosotis
m'a offert de partager quelques-unes de ses
noisettes.
Séduit par son regard si jeune et plein de malice,
je les ai croquées à bouche que veux-tu et lui ai
fait fête.
Depuis chaque fois avant de le retrouver pour
ensemble festoyer,
je n'oublie jamais de piller tous les noisetiers de
mon quartier.

Un gentil écureuil, d'un air taquin, m'a demandé
de l'apprivoiser.
Comme le renard du Petit Prince, il voudrait
aujourd'hui être aimé
lui qui n'a, dans sa vie écoulée, pas eu souvent
l'occasion de pavoiser
et qui même du plaisir et de la joie n'a pas très
souvent goûté.
Aussi, lui est promis de lui offrir, tout de go, la
tendresse et la douceur
que je gardais en réserve, bien au chaud, tout
au fond de mon cœur.

Un gentil écureuil aux jolis yeux myosotis
m'a fait de ses jeux tendres le complice.
Et moi, toujours bouillant d'impatience, il me
faut pénéloper
et, entre deux partages de noisettes, me mettre
à espérer
que ce gentil écureuil ne sera pas trop long à
apprivoiser
et que bientôt nous pourrons, plus souvent, nous
câliner.

Calice

Et sois donc le calice d'amour soyeux
Prépare ton corps pour qu'il devienne
le réceptacle douillet et accueillant
de cette semence livrée aux vents
du hasard et qui lui est destinée

Enfin ton éternel désir d'amour
pour un petit être né de ta chair
va être comblé, j'en suis sûr

Quelle joie pour moi cette aventure
que tu me fais partager
et auquel je participe émerveillé
Pour t'aider à réaliser ce rêve insensé
Je ne peux t'offrir que ce que j'ai :
Ma profonde et sincère amitié

La pie

La première chose que je vis
lorsque je sortis de l'hôpital
volant de branche en branche
et puis se posant à quelque mètres
de moi sur le béton du parking
ce fut cet oiseau noir et blanc
voleuse dit-on et caquetante
cet oiseau rigolo et familier
de nos contrées.

C'était la troisième et dernière fois
que je venais te voir cette semaine.
A l'employée de l'hôpital
qui s'était occupé de toi
jusque-là
j'avais failli demander
comment tu allais
mais je crois qu'elle l'ignorait.

J'aurais bien voulu
avoir à revenir te voir souvent
et même longtemps.
J'aurais bien voulu
avoir à te soigner
te dorloter
pendant de long mois
pour te donner
ce que je ne t'ai pas assez donné
Mais le sort
ton sort
inébranlable
quel que soit le nom qu'on lui donne
en avait décider autrement
c'était bien la dernière fois
ce matin-là
que je t'avais vu

Sur ton visage ecchymosé
un sourire naissait
Tu reposais
enfin calmé
vêtu de ton T-shirt NBA
Avais-tu enfin trouvé
le bonheur que tu cherchais
que nous cherchons tous

Supporteras-tu mes larmes
qui depuis ce jour brutal
jaillissent sans retenue
de mes yeux cataractés ?
Les comprendras-tu au moins ?

Tu m'as accompagné ce jour-là
enfin réunis
enfin amis
enfin père-fils
pour toujours complices
et tu restas toute la journée
à mes côtés
à tel point que je te ressemblais
au sortir de l'église
prête à craquer
d'émotions à peine retenues

Je ne crois pas
que cette rencontre
avec l'oiseau noir et blanc
fut un hasard
Même si cela semble bizarre
je sais que ton esprit continue à vivre
dans ce messager de l'occulte
et à chaque fois
que celui-ci croisera
ma route à ce moment-là
je penserai à toi

Anne-Marie-Nico,
Gentil p'tit coquelicot

Un jour, tu verras,
je serai coquelicot.
Quand mon corps sera
par le feu de l'amour passé,
mes cendres au milieu du blé
éparpillées.
Ce jour-là, sera, pour moi, le plus beau
car il sera celui de ma Renaissance,
le jour de gloire de mon Essence.

Vous me verrez alors,
tremblotante dans le soleil
fragile et frêle,
mais si jolie et si belle
de cet amour des hommes et de Dieu
qui fait, ici-bas, nos jours si merveilleux.

Des tours par Nazareth

Quel est cet objet insolite ?
Sa présence illicite
trompa ce jour-là
mon esprit, sans doute "pas là".
Un coup de volant trop brutal
fit valser mon véhicule
sur une musique silencieuse. C'est fatal !
Le voilà la tête où devrait être le cul.
Et me voilà au beau milieu de l'autoroute,
les sens maintenant tous à l'écoute.

De frayeur point n'ai eu !
l'esprit calme, le corps détendu,
sans résistance, j'ai lâché prise,
sans que ma tête ne se grise,
tentant cependant à plusieurs reprises
d'arrêter l'auto d'indépendance éprise.

Cette aventure miraculeuse et étrange
m'est survenue à Nazareth
où l'on fabrique, aussi, un savoureux fromage.
Oui, non loin du lieu de mon queue-à-tête
des trappistines transforment le lait
dans ce village
où Jésus n'est pas né.

Quels signes sont dans cette péripétie cachés ?
Et, ces tours, comment les interpréter ?
C'est vrai : Prudence est mère de Sûreté.
Avoir l'esprit toujours éveillé
et les sens aiguisés,
être vigilant et toujours conscient,
cela, sans nul doute, me permettra de vivre plus
longtemps.

Le retour de la pie

Messager sans nul doute, l'oiseau noir et blanc
s'est posé dans ta cour
au même instant
que le dernier de mes messages courts

Il n'y a pas de hasard
C'est ce que je dis toujours
et avoue : c'est assez bizarre
que cette pie soit venue te dire bonjour.

Quelques jours auparavant
Je t'avais narré sa première visite
et de quelle façon insolite
en voletant et en se posant
à quelques mètres de moi
elle avait attiré mon attention autrefois

C'était à l'aube d'un jour endeuillé
qui par cet événement impromptu
somme toute, finit par m'ensoleiller
ce à quoi je ne m'étais pas attendu.

Cette pie qui souvent vient me voir
est pour moi la messagère du Grand Tout
apportant la paix et le réconfort surtout
et la lumière qui fait fuir le noir

Et s'il elle te rend visite aujourd'hui
C'est pour te faire retrouver le chemin
de la Source d'où, toi aussi, tu viens
comme tous ceux qui sont nés à la vie.

Cette messagère dont tu as remarqué le passage
et qui est arrivée en même temps que mon
message
te dit que moi aussi je suis comme toi
en mon cœur à la recherche de la Grande Joie.

Trains de vie

J'ai vu passer un train avec une porte ouverte.
Mon âme est plutôt grise. Je voudrais qu'elle soit
verte.
Les trains ont quelquefois des problèmes de
portes.
Mon âme est plutôt triste. Je voudrais qu'elle soit
forte.

Le TGV ne pouvait plus fermer sa porte.
Le train à Schellebelle refusait qu'on m'emporte.
Un train en partance dans cette gare de Jette.
a laissé la porte de son wagon grande ouverte.

J'ai vu passé un train avec une porte ouverte.
Mon âme est plutôt grise. Je voudrais qu'elle soit
verte.
Les trains ont quelquefois des problèmes de
portes.
Mon âme est plutôt triste. Je voudrais qu'elle me
porte.

Mon ego est blessé et quelque peu en colère.
Mon âme est triste et depuis ce jour désespère.
Mon ego est sonné et voudrais riposter.
Mon âme est triste : sa sœur vient de la quitter.

J'ai vu passé un train avec une porte ouverte.
Mon âme est plutôt grise. Je voudrais qu'elle soit verte.
Les trains ont quelquefois des problèmes de portes.
Mon âme est plutôt triste. Je voudrais qu'elle supporte.

Je cherche sans cesse ce que veulent me dire ces portes.
Je voudrais lire le message que ces trains m'apportent.
Peut-être vers un tournant ma destinée me porte.
Sans doute suis-je en train de franchir une grande porte.

J'ai vu passé un train avec une porte ouverte.
Mon âme était un peu grise. Elle est plus alerte.
Les trains ne se préoccupent plus de leurs portes.
Mon âme était un peu triste. La voilà si forte.

Bonne route...

85 ans

Quand j'aurai 85 ans,
j'aurai le cœur encore vaillant.
J'irai toujours, toujours marchant
dans les bois, les prés et les champs.

Quand j'aurai 85 ans,
je prendrai bien le temps de vivre.
Je n'oublierai jamais de rire
et d'inviter mes petits enfants.

Ma vie sera douce et sereine.
Je sentirai combien l'on m'aime.
Le temps n'aura plus d'importance.
Chaque jour sera pour moi une chance.

Je donnerai de la place à l'humour.
Je m'entourerai de l'amour
de mes enfants et de mes petits enfants
quand j'aurais 85 ans.

Quand j'aurai 85 ans,
je ferai une grande fête.
Je chanterai alors à tue-tête
"Aujourd'hui, c'est vraiment excitant,
je les ai enfin ……. mes 85 ans !"

Sous la douche

Je voudrais être cette goutte d'eau
qui coule le long de ton dos
quand tu prends ta douche.

Je voudrais être cette goutte de café
si fort et si bien tassé
qui coule dans ta bouche.

Je voudrais être ce souffle d'air
doux et chaud, brise de terre
qui caresse ton visage.

Je voudrais être cette perle de sueur
qui roule sur tes rondeurs
vers l'abîme de ton corsage.

Mi cadeau

Parfois, devant son miroir,
Mi, la Mi râle.
Parfois, devant son devoir,
Mi, la Mi cale.
Parfois, devant l'abreuvoir,
Mi, La Mi tonne.
Parfois, devant l'assommoir,
Mi, c'est Mi rabot
Mais souvent, très souvent,
Mi, La Mi donne.
et Mi, pour moi aujourd'hui encore, c'est Mi
cadeau.

Autant en emporte le temps

Que t'importe aujourd'hui enfin le temps qui
passe,
ce sournois ennemi qui sur toi creuse ses traces,
que tu découvres là, ce matin, dans ta glace.
Il met, c'est évident, les choses à leur place.

Certes, la fatigue se voit sur ton visage
malgré les soins fréquents, les quotidiens
massages.
Mais ne vois-tu pas,toi, ton chemin parcouru
vers l'authenticité et la paix de ton âme,
vers ton humilité ce merveilleux sésame
qui t'ouvrira un jour la porte de l'Inconnu.

Quotidien

Que la vie est belle !
Quelle est douce à aimer !
Moi je fais la vaisselle,
Toi tu t'mets à tricoter.

Que la vie est belle !
Quelle est douce à aimer !
Moi je sors les poubelles,
Toi tu prépares le dîner.

La vie est éternelle.
C'est une des Vérités.
Quelle est exceptionnelle,
C'est ma réalité !

Discours androgyne.

Je suis une femme.
Ne vous fiez pas
aux apparences !
Je suis une femme.
Excusez mon…
irrévérence !

J'ai ressenti en moi
depuis mon
adolescence
de la sympathie
pour ce sexe qui
n'est pas celui de
ma naissance.

Et si mon corps est affublé de cet appendice
incongru
que papa Freud prétend que vous ragez de ne
l'avoir pas eu,

je n'en fais, croyez-moi, aucune gloire et ne le
brandit point tel un ostensoir…

Je n'ai jamais pu hurler avec les loups
qui se croient bien supérieurs à vous.
Pour les femmes toujours, j'ai eu cette tendresse
qui ne m'empêche pas de vous caresser les
fesses !

Je ne comprends pas, non plus, cette gratuite
violence
qui souvent déferle vers vous avec tant
d'indifférence.

J'ai ce rêve d'un monde où partout dominent
toutes ces valeurs qu'on appelle féminines.
Je rêve d'un monde avec moins de yang plus de
yin
où l'harmonie règne enfin et où l'amour nous
détermine.

Je rêve qu'enfin nous soyons en paix sur cette
terre.
Hommes réconciliés, femmes sécurisées, tous
androgynes
comme le préconise merveilleusement Elisabeth
Badinter
et que le monde trouve enfin l'équilibre.
J'imagine.

La bataille de l'hiver.

Je regarde le bois. Je
regarde le ciel. Je
regarde la neige.
De l'hiver, je devine
tous les malins sortilèges.
Déjà, par deux fois, il a lancé son offensive.
Déjà, par son froid, il a faibli notre défensive.
Il affûte patiemment toute sa rudesse,
darde ses flèches acérées avec tant de
hardiesse,
attaquant dramatiquement notre pitoyable
faiblesse.

Et le conflit s'installe et perdure
et s'enlise avec une ardeur sûre,
sapant petit à petit notre forteresse.

Quand interviendra enfin notre allié le beau
temps ?
Nous faudra-t-il résister encore si longtemps ?
Dans nos maisons retranchées, nous fourbissons
nos armes :
Patience, persévérance et endurance,
Résignation, solidarité et espérance.
Il n'y a que l'amour partagé pour calmer nos
alarmes.

Mariage pour toutes

Sonia et Vanessa
ont fait le bon choix.
De l'amour, elles nous montrent la voie.

Sonia et Vanessa
veulent partager leur joie.
Leur amour nous laisse sans voix.

Lorsque deux femmes s'aiment,
on dirait que la douceur est extrême.

Lorsque deux femmes s'aiment,
le monde retient son haleine.

Lorsque deux femmes se marient,
c'est la Terre entière qui frémit.

Ciel en feu

Le ciel brûle de tous ses feux.
Qui embrase ainsi les cieux ?
Magique lumière plein les yeux.
Mon cœur contemple et se sent mieux ?

Lumière d'automne

En automne, lorsque le soir descend
la lumière se fait plus oblique.
Elle a un air penchant
qui nous rend mélancoliques.

La roue de l'univers tourne
et mon cœur se détourne...

Monsieur le Chien

Monsieur le chien fait le lézard.
Il profite bien de cet hasard
qui l'amena jusqu'en Corrèze
où, à présent, il prend ses aises.

Ici, il va à sa guise
libre comme le vent qui bise.
Il se promène dans le hameau
et retrouve son panier quand il le faut.

Il s'est trouvé une ou deux copines
qu'il va saluer chaque jour aux matines.
Puis, après avoir bien croqué et bien bu,
il profite enfin du soleil qu'il lui est dû.

40 ans !

Ma fille a 40 ans !
Mais où donc fuit le temps ?
C'est la vie qui s'écoule et nous pousse,
heures amères, heures douces.

Hier encore, je la vois jaillir
du ventre de sa mère comme une source
vive qui depuis coule sans tarir,
étonnante de ressources.
Son cours a croisé celui d'un fleuve puissant,
fort, honnête et tout à fait charmant.
De leur confluence à leur tour
sont nés, dans un élan d'amour
deux garçonnets tous deux séduisants,
l'un par sa candeur et sa sensibilité,
l'autre par son ardeur et sa spontanéité.

Ma fille, aujourd'hui, tu as 40 ans
et mon cœur est si content
même s'il y a quelqu'un d'absent
pour fêter cet événement.

Ma fille, aujourd'hui, tu as quarante ans
et je veux te dire maintenant
que même si on ne se voit pas souvent
je t'aime plus qu'énormément.

En chantant…

La vie est éphémère

La vie est éphémère !
Nous sommes venus sur terre
apprendre la leçon.
Écoute bien ma chanson !

Autour de moi s'en vont
des gens de tous les âges.
Je vois leurs doux visages.
Ils disent : nous arrivons !

Qu'est-ce que ça veut bien dire,
ces âmes qui expirent ?
Cela est important :
Vivons l'instant présent !

La vie est éphémère !
Je suis venu sur terre
apprendre la leçon.
J'en ai fait une chanson !

La vie est éphémère !
Nous sommes venus sur terre.
Ceci est important :
Vivons l'instant présent !

Intimité

Les poils de ton pubis
me caressent la cuiss'.
Nos corps enlacés,
pas encore réveillés
se touchent et se frôlent
frissonnent à tour de rôle.
C'est ça ce qu'on appelle la proximité.

Hier soir une fois de plus
nous avons fait l'amour.
Hier soir une fois de plus
le temps n'a pas eu cours.
J'aime comme tu me touches
des doigts et puis d'la bouche;
C'est ça ce qu'on appelle la douc' intimité.

Sauna

Tu m' proposas un jour
d'aller faire un sauna.
J'ai dit : "oui" sans détours
moi, je ne savais pas
que j' te plaisais autant
que toi tu m' voulais tant.
Moi je t'aimais bien;
Je m' croyais ton copain.
Au bout de quelques heures
de douc' relaxation,
j'ai senti dans mon cœur
d'étranges sensations.
Voilà qu' tu m'attirais
Voilà que j' désirais
te prendre dans mes bras
te murmurer tout bas :

J'ai envie de m'blottir contre toi.
J'ai envie d'être tout près de toi .
J'ai envie d'être bien avec toi,
et de vivre avec toi,
de vieillir avec toi,
J'ai envie d'être ton compagnon.
J'ai envie d'être à ton unisson.
J'ai envie que tu sois ma compagne
qui toujours m'accompagne,
dans mes folles décisions.

Alors j't'ai raconté
ce qui en moi s'passait,
me mettait en émoi
et dans tous mes états.
Et toi tu as souris.
n'avais pas l'air surpris.
Toi qui t'y attendais,
l'avait même espéré.
Et quand le soir venu
au moment d'se quitter,
tu étais très émue.
Tu n'voulais pas m'laisser.
Tu m'as bien regardé
et en me souriant
t'as soudain déclaré
avec l'air d'une enfant :

J'ai envie de dormir avec toi.
J'ai envie d'être tout contre toi.
J'ai envie d'être bien avec toi,
et de vivre avec toi,
de vieillir avec toi.
J'ai envie qu'tu sois mon compagnon.
J'ai envie qu'on soit à l'unisson.
J'ai envie d'être ta douc' compagne
qui toujours t'accompagne
dans tes folles décisions.

Ça fait déjà un an
que nous sommes réunis,
que nous sommes amants
en plus d'êtr' des amis.
Le chemin qu'on a fait,
celui que l'on fera
nous a bien satisfait,
nous donnera d'la joie.
J'aim' c'qu' nous vivons
ce que nous partageons,
car c 'est sûr nous parlons
beaucoup d'nos émotions.
Il y a de l'authentique
cett' très jolie musique
qui sent bon comme un' fleur,
elle embaume nos cœurs.

J'ai envie de rester près de toi.
J'ai envie que tu viennes chez moi.
J'ai envie qu'tu sois bien avec moi
et de vivre avec toi,
de vieillir sous l'mêm' toit.
J'ai envie d'habiter notr' maison.
J'ai envie d'y compter les saisons.
J'ai envie de vivre à la campagne
et d'grimper la Montagne
pour voir l'Autre Horizon.
J'ai envie de m'blottir contre toi.
J'ai envie d'être tout près de toi.
J'ai envie d'être bien avec toi,
d'être tout contre toi,
te murmurer tout bas :
J'ai envie...de t'chanter ma chanson.

10 ans

Quand je suis né,
t'avais 10 ans.
M'as pouponné,
plus que sûr'ment.

Poupée vivante,
quel beau cadeau !
t'étais contente,
près d'mon berceau.

Bien des années,
tu m'as choyé,
et accueilli
dans ton logis.

Comme une mère
de complément,
très en affaire
pour mes tourments.

Et aujourd'hui
chère Marie-Claire,
je te le dis
bien haut et clair :
Je suis heureux voire fier
d'être toujours, ton petit frère !

Et comm' not' père
assurément,
t'étais sévère,
parfois tout l'temps !

Moi j'ai grandi
et bien vieilli.
Me v'là rassis
même aujourd'hui !

Le p'tit dernier
est retraité.
Vers l'étranger
s'en est allé.

'l en est ainsi,
je suis parti
bien loin d'ici
finir ma vie.

Et aujourd'hui
chère Marie-Claire,
je te le dis
et persévère :
Je suis heureux et même fier
d'être toujours, ton petit frère !

La vie avance
à très grands pas,
elle mène la danse
vers le trépas.

Un jour sans doute
rattraperai
ce bout de route
qu' t'as déjà fait.

C'est vrai chez nous,
il y a des mots
un peu tabous.
que je trouv' beaux :

Du fond d'la France,
je viens ce jour
te dire le sens
de mon amour.

Et aujourd'hui
ma très chère sœur,
je te le dis
de tout mon cœur :
Je suis heureux et même fier
d'êt' pour toujours...ton petit frère !

Bout'chou

Ma fille, mon enfant,
je me souviens du temps
du jour où tu es née.
Ta petite tête ronde
qui fit une petite ronde
avant que tu n'pointes le nez.
J'y pense à chaque fois
à ce grand jour de joie
où je devins papa
pour la première fois
qui me vit émerveillé
et me laissa bouche bée...

Tu as grandi depuis
à une telle vitesse.
Je te vois aujourd'hui
pleine de vie, de sagesse.
Je te vois mère à ton tour
et après tant d'années
tu veux te marier
pour affirmer ton amour
pour ce garçon réservé
qui venait te chercher
pour aller faire un tour....
Maintenant, c'est pour toujours.

Mon enfant, mon bout d'chou
Bonne route... Bonne route !
Tu es dans le train de ta vie.
Et mon cœur a changé de pays...

Ma fille tes quarante ans,
tu les as maintenant
et te voilà petite mère
de deux petits garçons
dont tu peux être fière
et que j'aime tout autant
que toi depuis ton premier jour
et malgré tous mes détours
que tu n'a pas toujours compris
ainsi en va la vie
qui nous donne le choix
des chagrins ou de la joie.

Je n'ai pas toujours était là
Tout à côté de toi.
Mais je t'ai donné la vie ;
c'était un beau cadeau.
Je suis là aujourd'hui
pour te dire tous ces mots
que tu n'aimes pas entendre.
Pourras-tu comprendre
que mon amour pour toi
est toujours aussi grand
qu'un soleil en décembre
et qu'il brille en moi si souvent ?...

Mon enfant, mon bout d'chou
Bonne route... Bonne route
Sur le chemin de ta vie
Et mon cœur bat pour toi pour la vie...

Fiston

Mon fils, mon enfant,
je revois ce moment,
le jour où tu es né :
de la chair tranchée
sur moi le sang a giclé
et cette odeur à plein nez !...
J'y pense à chaque fois
à ce grand jour de joie
qui me fit papa
pour la seconde fois,
me vit interloqué
et me laissa estomaqué !

Tu es parti depuis
nous laissant la tristesse...
Je voudrais aujourd'hui
te donner ma tendresse.
Ton passage fut trop court.
Il y a encore tant de choses
à partager, de musique, d'amour
La vie n'est pas toujours rose
et je n'ai toujours pas compris
pourquoi il a fallu qu'on se sépare
ni pourquoi ta vie était finie
ni la brutalité de ton départ...

Mon enfant, mon fiston,
Bonne route...Bonne route !
Sur le chemin des étoiles !
Ton vaisseau a hissé la grand' voile..

Mon fils, il y a déjà si longtemps
que tu es parti soudainement.
Une voiture à toute allure
loin de nous t'a emporté.
Je ne suis pas si sûr
que c'est ça que tu voulais.
ça n' sert à rien de se lamenter.
Le Temps m'aidera à oublier.
Mais là encore aujourd'hui,
je veux te dire ces mots
que jamais je ne t'ai dit
et que tu trouveras si beaux...

J'étais un peu loin de toi
quand tu as quitté la terre
mais aujourd'hui, tu vois
je suis toujours ton père.
Je le resterai toujours
malgré les apparences
et malgré ton absence
car l'amour ne meurt pas
après le douloureux trépas
Et la vie nous donne le choix
de retrouver encore la Joie
et d'aimer par delà l'au-delà...

Mon enfant, mon fiston,
Bonne route...Bonne route !
Sur le chemin des étoiles
Que le vent fasse bien gonfler ta voile !...

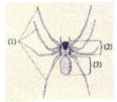

Suicide

Une araignée s'est pendue au plafond
dans le grenier de notre ami Gaston.
C'est sûr, elle n'aimait pas le blues.
Elle a compté jusqu'à douze.
Cette araignée s'est pendue au plafond.

Elle n'aimait pas sans doute nos chansons.
Elle s'est tuée d'une étrange façon.
Pour elle, ce n'était pas facile.
Elle s'est pendue à son propre fil.
Cette araignée n'aimait pas nos chansons.

Pour s' suicider, il y a des tas d'raisons
Se sentir mal, inutile ou bien con.
Qu'est-ce qui lui est passé par la tête ?
Avec nous, elle aurait pu faire la fête !
Mais elle a préféré se pendre à son plafond.

Et la morale de cette foutue chanson
vous fera sûrement grimper au plafond :
Pour vivre heureux, c'est pas facile !
Oui ? la vie ne tient qu'à un fil.
Alors chantez, dansez,….et ne faites pas
d'façons !

Remerciements

Merci à toutes les belles personnes qui ont croisé ma route et, particulièrement, à Michèle que je remercie également pour son regard critique et "esthétique" sur la mise en page de ce recueil